그리스도인의 만남과 결혼

신앙과 감정의 균형을 잡는 하루 10분

싱글·커플을 위한
그림 묵상

3Weeks

글/그림 석용욱

처음과나중

프롤로그

『러브캔버스』개정판을 준비하며.

열차 문이 닫히려는 찰나 가까스로 뛰어내렸습니다. 근처 도서관에서 그녀가 공부하고 있다는 소식을 접했기 때문입니다. 생각보다 몸이 먼저 반응한 터라 정신을 차리고 보니 이미 열차 밖으로 나와 있었습니다.

하루 종일 도서관 근처를 서성였지요. 하지만 그녀를 만날 수 없었습니다. 지하철 역에서 도서관으로 걸어오는 길에 서로 엇갈렸기 때문입니다. 실망을 가득 안은 채 집으로 돌아왔지요. 그렇게 허탕을 친 것이 벌써 여러 날이었습니다.

참 뜨거웠습니다. 누군가를 애타게 갈망한다는 것. 지금은 상상조차 할 수 없는 열정입니다. 이제는 '적당한 온기'를 선호하는 나이가 되었고, 그 온기에 맞는 인연을 만나 함께 살고 있지만 가끔 그때를 떠올리곤 합니다. 짝사랑에 미련이 남아서가 아닙니다. 그런 열정을 품을 수 있는 때가 오직 그 시기 뿐이기 때문이지요. 마치 열병을 앓듯이….

그런데 참 신기하게도 당시 저 자신은 이미 감지하고 있었던 것 같습니다. 이 사람과는 인연으로 맺어지지 못하리라는 것을요.

그 예감이 마음 깊은 곳에 웅크리고 있었지요. 그저 애타는 감정의 온도만을 신뢰했을 뿐입니다. 열기가 식고 이성을 되찾고 나서야 뒤늦게 깨달아지더군요.

이 지난한 깨달음을 얻기까지 무려 3년을 소모했습니다. 하나님은 모든 과정을 지켜보시며 한 걸음 물러서 주셨습니다. 때때로 성경 말씀과 지인의 조언으로 메시지를 속삭이셨지만 우뢰와 같은 계시는 아니었기에 감정의 외침에 묻혀 버리기 일쑤였지요. 그 속삭임을 감지하려면 내면의 소음을 적절히 제어할 줄 알아야 한다는 것을 그때 깨닫게 되었습니다.

공동체 내의 청년들이 얼마나 애타게 배우자를 찾고 있을까요? 숱한 눈빛과 주파수가 오가는 것을 봅니다. 이성을 향한 애정을 아낌없이 쏟아부을 수 있는 나이이기 때문입니다. 건강한 청년기, 그 시절을 뜨겁게 보낸 한 사람으로서 충분히 공감합니다. 하지만 공동체는 생각보다 섬세한 관계로 얽혀 있습니다. 설익은 연애와 이별로 공동체가 깨지는 경우를 종종 봅니다. 특별히 교회의 중직을 맡은 이들의 이별은 공동체 내에 심각한 타격을 안기기도 하지요. 세상은 소위 '쿨'하게 헤어질 수 있다지만(실제로 정말 그런지는 모르겠습니다. 어딘가에 상처는 쌓이기 마련이니까요) 교회 공동체는 실상 그런 '쿨'함과는 거리가 있는 곳입니다. 엄연한 공동체의 현실입니다.

어떻게 하면 우리 청년들을 도울 수 있을까요? 그들의 마음을 헤아리는 동시에 안전하고 건전한 만남을 갖도록 돕는 방법은 무엇일까요? 이 질문이 절판된 책을 다시 끄집어내어 개정판을 준비하게 한 계기가 되어 주었습니다.

저는 이러한 결론을 내렸습니다. 사랑과 영성이 별개의 문제가 아니라는 것. 삶과 신앙을 분리할 수 없다면 사랑과 신앙 또한 분리해서는 안 됩니다. 하나님이 나의 만남과 결혼에 매우 매우 매우(문법에 맞지 않게 세 번이나 반복해야 할 만큼) 관심이 많기 때문입니다. 하나님은 여러분의 예배와 기도 생활에만 관심 있으신 게 아닙니다. 당신 자녀들의 만남에 지대한 관심을 갖고 계시며 각자의 때와 상황에 맞게 '배우자'라는 깜짝 선물을 준비하고 계십니다. 이성 교제를 신앙과 별개의 문제로 치부하지 않으시지요. 이 문제를 하나님과 공유할 수는 없을까요?

기도로 고민을 나누고 말씀으로 해답을 찾아 간다면 어느새 속삭이는 성령의 인도를 감지하는 자신을 발견하게 될 것입니다.

다행히도 아주 좋은 만남의 예가 이미 성경 안에 있습니다. 하나님의 행하심을 직접적으로 언급하진 않지만 누가 봐도 만남의 주선자가 되어 주신 하나님이 드러나는 이야기. 바로 '이삭과 리브가의 결혼'입니다. 일면식도 없는 남녀가 서울과 부산보다 먼 거리에서 각자의 삶을 살다 하루 만에 부부의 연을 맺는 이야기지요. 거대한 세계사의 시작이자 한 민족의 기원이 한 쌍의 남녀로부터 소박하게 출발합니다. 하나님다운 연출입니다.

이 이야기 속 3주간의 여정으로 여러분을 초대합니다.

Contents

책의
효과적인
활용 팁

책의 구성

1. 그림과 에세이 2. 질문과 고민 3. 묵상 노트 4. 그림 기도

- 그룹 혹은 개인의 필요에 따라 활용하십시오.
- 경건의 습관화를 위해 일정한 시간에 지정된 장소에서 하시길 권장합니다.
- 시작 전 기도로 성령의 은혜와 도움을 구하십시오.

1. 그림과 에세이

천천히 읽고 묵상하세요. 생각 속에서 일하실 하나님을 기대합니다.

2. 질문과 고민

정해진 답은 없습니다. 본인의 생각을 편안히 적으세요.

글로 적음으로써 생각을 더 명료하게 정리해 봅시다.

3. 묵상 노트

앞뒤 전후로 깊이 묵상하며 맥락과 주제를 함께 파악하시길 권장합니다.

성경 공부를 함께 진행하면 더욱 좋습니다.

4. 그림 기도

조용히 기도문을 읊거나 개인적인 감사 기도로 묵상을 마무리하십시오.

1주차

한 사람을 찾아서

1주차 한 사람을 찾아서

월요일 │ 기준 세우기
가나안 족속의 딸 중에서
내 아들을 위하여 아내를 택하지 말고

화요일 │ 우선순위
여자가 나를 따라 이 땅으로 오려고 하지 아니하거든
내가 주인의 아들을 주인이 나오신 땅으로 인도하여 돌아가리이까

수요일 │ 믿음의 여유
그 사자를 너보다 앞서 보내실지라

목요일 │ 엄중한 약속
허벅지 아래에 손을 넣고
이 일에 대하여 그에게 맹세하였더라

금요일 │ 표징의 목적
그의 대답이 마시라 내가 당신의 낙타에게도 마시게 하리라 하면
그는 주께서 주의 종 이삭을 위하여 정하신 자라

기준 세우기

너는 내가 거주하는 이 지방 가나안 족속의 딸 중에서
내 아들을 위하여 아내를 택하지 말고

창세기 24:3

"엘리에셀, 하란으로 가 주게!"

신중하고 조용한 성격 탓인지 이삭의 연애가 영 신통치 않았습니다. 불혹을 마주하며 노총각으로 늙어 가고 있었기 때문입니다. 주변에는 같은 나이에 손자를 본 사람도 있을 정도였으니 노쇠한 아브라함은 결단을 내려야 했습니다. 이에 아브라함은 신뢰하는 종 엘리에셀을 불러 같은 여호와를 신망하는 친족들이 거주하는 하란에서 이삭의 아내를 간택해 올 것을 명했지요. 혼인을 통한 가문의 결속은 당시의 상식적 사고였습니다. 힘 있는 집안에서 성장한 아브라함의 외아들과 자신의 딸을 혼인시키고자 하는 권세가들의 접근 또한 잦았을 것입니다. 아브라함 또한 그러한 계약 결혼을 통해 가문의 입지를 더 단단하게 다질 수도 있었지요. 마음이 흔들릴 만큼 매력적인 혼처들도 분명 있었을 것입니다.

하지만 아브라함은 이삭의 결혼 문제를 합리적, 상식적으로 풀지 않고 철저히 신앙적으로 풀어 나갔습니다. 조건 좋은 이방의 혼처가 아닌, 약속에 적합한 '신앙의 혼처'를 찾기로 결정한 것. 혼잡한 선택의 틈바구니 속에서도 하나님의 약속을 잊지 않았기에 내릴 수 있는 결단이었습니다.

💬 질문과 고민

1 비(非)기독교인과의 결혼에 대해 어떻게 생각하나요?

2 나의 배우자상에 대해 적어 봅시다.

📖 묵상 노트

아브라함이 나이가 많아 늙었고

여호와께서 그에게 범사에 복을 주셨더라

아브라함이 자기 집 모든 소유를 맡은 늙은 종에게 이르되

청하건대 내 허벅지 밑에 네 손을 넣으라

내가 너에게 하늘의 하나님,

땅의 하나님이신 여호와를 가리켜 맹세하게 하노니

너는 내가 거주하는 이 지방 **가나안 족속의 딸 중에서 내 아들을 위하여**

아내를 택하지 말고 내 고향 내 족속에게로 가서

내 아들 이삭을 위하여 아내를 택하라

창세기 24:1~4

그림 기도

하나님.
감정과 직결된 선택일수록
지혜가 필요합니다.
선택의 순간 하나님의 지혜를
드러낼 수 있도록 도우소서.

화요일

우선순위

여자가 나를 따라 이 땅으로 오려고 하지 아니하거든
내가 주인의 아들을 주인이 나오신 땅으로
인도하여 돌아가리이까

창세기 24:5

"여인이 오지 않으면 아드님을 그곳으로 데려가야 합니까?"

중책을 맡은 엘리에셀이 아브라함에게 묻습니다. 적합한 배우
자를 찾았는데 따라오지 않으면 어찌해야 하는지, 오히려 이삭
을 그 땅으로 데리고 들어가야 하는지….

엘리에셀은 60년 넘게 아브라함의 곁을 지키며 가문의 여정을
지켜본 사람입니다. 아브라함 가정을 향한 하나님의 섭리를 완
벽히 이해하고 있었으며, 아브라함의 각종 사업을 책임지고 지
휘하며 신임받는 인물이었습니다. 그런 그가 단순한 질문을 던
졌을 리 없습니다. 그 질문 속에는 정확한 기준을 세워 달라는
의미가 포함되어 있었습니다. 이삭의 배우자를 선택하는 일 가
운데 하나님 뜻에 부합한 우선순위를 알기 위함이었지요.

이에 대한 아브라함의 답은 단호했습니다. 아무리 좋은 조건이
라도 가나안 땅에 머물라고 명하신 하나님 뜻에서 벗어나면 적
합한 혼처가 아니라고…. 이삭의 배우자 선택을 위한 첫 번째
조건이 '신앙'이었다면 두 번째 조건은 '방향'이었던 것입니다.

💬 질문과 고민

1 내 인생은 어떤 방향을 향해 나아가고 있나요?

2 내 인생의 방향을 설정했나요?
그에 합당한 배우자상은 무엇일까요?

📖 묵상 노트

종이 이르되 여자가 나를 따라 이 땅으로 오려고 하지 아니하거든

내가 주인의 아들을 주인이 나오신 땅으로 인도하여 돌아가리이까

아브라함이 그에게 이르되 내 아들을 그리로 데리고

돌아가지 아니하도록 하라

창세기 24:5~6

그림 기도

주님을 따르는 각자의 여정 가운데
인연을 만나기를 소망합니다.
한눈팔지 않고 당신을 먼저 좇는
내가 되게 하소서.

믿음의 여유

그 사자를 너보다 앞서 보내실지라

창세기 24:7

"이미 모든 것이 예비되어 있으니 염려 말게나."

하나님의 역사에는 일종의 '흐름'이 있습니다. 그 흐름 속에서 우리가 맡은 역할은 생각보다 크지 않지요. 무리해서 끌고 가거나 고집부릴 필요 없습니다. 흐름에 몸을 맡긴 채 순종하며 나아가면 됩니다.

아브라함도 무리하지 않았습니다. 하나님의 천사가 모든 것을 준비해 놓았다며 엘리에셀을 안심시킵니다. 긴 세월 그분의 섭리를 충분히 경험한 아브라함이었기 때문입니다. 고향 땅을 떠나고, 이삭을 낳고, 시험을 통과하여 오늘에 이르기까지…. 하늘의 별만큼 많은 자손을 주시겠다고 하나님께서 직접 약속하시지 않았습니까? 약속하시며, 그 약속을 이루시는 하나님.

일단 그 하나님이 개입하시면 일이 순조롭게 풀리리라고 예상했습니다. 무리하게 신부를 끌고 오거나 억지로 이삭을 데리고 들어갈 필요가 없었지요. 적합한 사람과 알맞은 상황이 예비되어 있다는 사실을 믿어 의심치 않았기 때문입니다. 아브라함에게는 믿음에서 비롯된 여유가 있었습니다.

📑 질문과 고민

1 불안하거나 조급한 연애를 경험해 본 적이 있나요?

2 하나님이 개입하시는 결혼이란 어떤 결혼일까요?

📖 묵상 노트

하늘의 하나님 여호와께서
나를 내 아버지의 집과 내 고향 땅에서 떠나게 하시고
내게 말씀하시며 내게 맹세하여 이르시기를
이 땅을 네 씨에게 주리라 하셨으니
그가 그 사자를 너보다 앞서 보내실지라
네가 거기서 내 아들을 위하여 아내를 택할지니라
만일 여자가 너를 따라 오려고 하지 아니하면
나의 이 맹세가 너와 상관이 없나니
오직 내 아들을 데리고 그리로 가지 말지니라

창세기 24:7~8

그림 기도

나의 결혼이
'당신의 때와 방법'이라는 흐름을 타게 하소서.
결혼뿐만 아니라 삶의 모든 문제를
당신 안에서 풀어 가게 하소서.

엄중한 약속

그 종이 이에 그의 주인
아브라함의 허벅지 아래에 손을 넣고
이 일에 대하여 그에게 맹세하였더라

창세기 24:9

"이 약속에 제 생명을 걸겠습니다."

허벅지 아래 손을 넣는 것은 고대에 할례받은 남자들이 주고받는 맹세 의식. 생명을 상징하는 상대방의 생식기를 맹세하는 이가 손으로 잡거나 혹은 그 아래 손을 넣는 이 의식에는 '생명을 건다'는 의미가 담겨 있습니다. 매우 엄중한 약속이지요.

전 세계 인구수 79억, 그중의 3분의 1 정도가 성인 미혼 남녀입니다. 배우자를 만난다는 것은 그 3분의 1인 약 25억 명의 남녀가 서로 중 한 명을 선택하는 일이며, 이는 정자가 난자에 수정되어 임신할 확률인 2억 5천만분의 1보다 더 희박한 확률입니다. 과연 이 확률이 인간의 힘만으로 쉽게 적중할 수 있을까요?

이삭의 결혼은 그만큼 중요한 사안이었습니다. 이 결혼으로 하나님 뜻안에 머물 수도, 벗어날 수도 있는 가문의 명운이 달린 일이었지요. 심지어 아끼는 종이 생명을 걸고 맹세를 해야 할 만큼 중요했기에 온전히 주님께 맡길 수밖에 없는 그런 일이었습니다. 하나님이 일하시고 천사가 앞서 행하기에 결코 가볍게 치부한 일이 아닌 것입니다.

💬 질문과 고민

1 결혼이 인생의 중대사인 이유는 무엇일까요?

2 '결혼을 하나님께 맡긴다'는 것은
어떤 신앙의 태도를 의미하는 걸까요?

📖 묵상 노트

그 종이 이에 그의 주인 아브라함의 허벅지 아래에 손을 넣고

이 일에 대하여 그에게 맹세하였더라

창세기 24:9

그림 기도

소중한 내 인생의 주도권을 드립니다.
내 삶을 전적으로 인도하소서.

표징의 목적

그의 대답이 마시라
내가 당신의 낙타에게도 마시게 하리라 하면
그는 주께서 주의 종 이삭을 위하여 정하신 자라

창세기 24:14

"한 여인에게 물을 좀 달라고 요청했는데
저분만 아니라 낙타에게까지 물을 길어 먹인다면 주인의
아들을 위해 예비하신 신부로 간주하겠습니다. 도와주소서…."

엘리에셀은 표징을 구했습니다. 그리고 그 표징에는 두 가지 중요한 의미가 담겨 있었습니다.

첫째, 성품입니다. 요청하지 않아도 알아서 낙타까지 챙기는 넉넉한 인심. 이삭은 거대한 공동체를 이끌 후계자입니다. 그에게 속한 사람이 족히 수백은 넘었을 터, 이삭 한 개인만을 위한 여인이어서는 안 됐습니다. 공동체 구성원 모두를 보살피는 인품을 지닌 사람이어야 했지요.

둘째, 부지런함입니다. 낙타는 한 번에 100리터까지 물을 마시는 동물입니다. 열 마리 모두에게 먹이려면 물을 아주 많이 길어야 했습니다. 손가락 까닥이며 시킬 줄만 아는 가나안 땅의 여느 여주인들과는 달라야 했다는 말입니다. 거친 광야를 터전 삼는 유목 공동체의 여주인이어야 하기 때문입니다. 두 가지 의미를 담아 간구한 엘리에셀의 표징은 소싯적 제가 많이 실수했듯, 개인의 사심을 기도 응답으로 포장하는 그릇된 의도와는 차원이 다릅니다. 표징이기는 하지만 주술적 염원이 아니라 공동체 전체를 위한 합리적 목적이 상징적으로 담겨 있었기 때문입니다.

🗨 질문과 고민

1 누군가를 좋아하는 개인의 감정을
기도 응답으로 포장한 적이 있나요?

2 연애 또는 결혼과 신앙의 상관관계는 무엇이며,
이를 정립하는 올바른 기준은 무엇일까요?

📖 묵상 노트

이에 종이 그 주인의 낙타 중 열 필을 끌고 떠났는데

곧 그의 주인의 모든 좋은 것을 가지고 떠나 메소보다미아로 가서

나홀의 성에 이르러 그 낙타를 성 밖 우물 곁에 꿇렸으니

저녁 때라 여인들이 물을 길으러 나올 때였더라 그가 이르되

우리 주인 아브라함의 하나님 여호와여 원하건대

오늘 나에게 순조롭게 만나게 하사

내 주인 아브라함에게 은혜를 베푸시옵소서

성 중 사람의 딸들이 물 길으러 나오겠사오니

내가 우물 곁에 서 있다가 한 소녀에게 이르기를 청하건대

너는 물동이를 기울여 나로 마시게 하라 하리니

그의 대답이 마시라 내가 당신의 낙타에게도 마시게 하리라 하면

그는 주께서 주의 종 이삭을 위하여 정하신 자라

이로 말미암아 주께서 내 주인에게 은혜 베푸심을 내가 알겠나이다

창세기 24:10~14

그림 기도

감성에 취하는 시대,
영성을 가다듬게 하소서.
쉽게 휘발되는 일회성 사랑이 아닌
영원한 하나님 사랑을 먼저 알게 하소서.

감정 스케치

누군가 하염없이 흘리는 감정을

또 다른 누가 계속 주워 담습니다.
공동체 안의 흔한 풍경입니다.

그러다 누군가
내 안에 들어온 순간
마음이 '출렁'입니다.

때로는 그 사람이 자꾸 눈에 밟히지요.

예배하는 순간에도 나의 시선이
하나님 아닌 그 사람을 향해 있을 때가 있습니다.

붙잡을 수 없는 사람을
잡아 보려 하는 건 아닐까요?

왜 시선은 자꾸 엇나가기만 하는 걸까요?

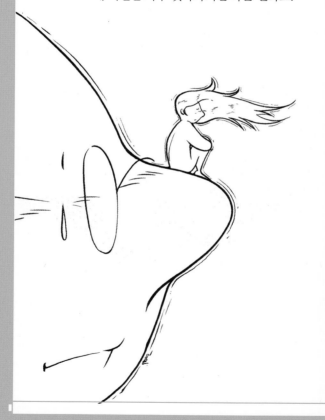

때로는 혼자만의 감정에 흠뻑 취했다가
깨어나기도 합니다.

거절은 상처를 입히고

이별은 상실감을 남기지만

감정 스케치

나는 알고
있습니다.

이 모든 것이
그분 앞에서 자라 가는 과정임을….

감정 스케치

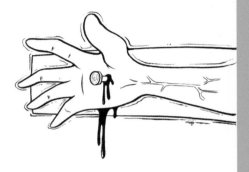

'진짜 사랑'을 배워 가는 과정의 일부임을.

2주차

한 사람과의 만남

2주차 한 사람과의 만남

월요일 │ 신속한 응답
말을 마치기도 전에 리브가가 물동이를 어깨에 메고 나오니

화요일 │ 정해진 자리
지금까지 남자가 가까이 하지 아니한 처녀더라

수요일 │ 지속적 교감
그 사람이 그를 묵묵히 주목하며
여호와께서 과연 평탄한 길을 주신 여부를 알고자 하더니

목요일 │ 가정의 환대
여호와께 복을 받은 자여 들어오소서
어찌 밖에 서 있나이까
내가 방과 낙타의 처소를 준비하였나이다

금요일 │ 투명한 소통
내가 내 일을 진술하기 전에는 먹지 아니하겠나이다

월요일

신속한 응답

말을 마치기도 전에 리브가가 물동이를 어깨에 메고 나오니

창세기 24:15

엘리에셀이 표징을 구하는 중 '아멘'이 입에서 채 떨어지기도 전에 우물가로 한 여인이 다가옵니다. 아브라함의 동생 나홀의 손녀 리브가였습니다.

> 말을 마치기도 전에 리브가가 물동이를 어깨에 메고 나오니
> 그는 아브라함의 동생 나홀의 아내 밀가의 아들 브두엘의 소생이라

모두가 이렇게 신속히 기도 응답을 받으면 얼마나 좋을까요? 배우자를 위한 간구를 하는데 기도를 맺기도 전에 눈앞에 멋진 이성이 나타난다면, 기도가 이런 식으로만 응답된다면 전도도 손쉬울 것입니다. 세계 복음화가 머지않겠지요.

하지만 이삭은 알지 못했습니다. 그동안 조용히 간구해 온 기도가 800킬로미터 넘게 떨어진 곳에서 응답되고 있으리라고는 상상조차 하지 못했지요. 그날도 이삭은 그저 자리를 지키며 차분히 기도하고 있었을 뿐입니다. 가나안 딸들에게 마음 빼앗기지 않으려 애쓰며….

기도가 하나님께 상달되면 일이 속히 진행됩니다. 하나님이 나서시면 일에 막힘이 있을 수 없습니다. 다만 그때까지 기다림이 필요합니다. 기약 없는 기다림, 믿음이 필요할 뿐입니다.

질문과 고민

1 배우자는 예비된 걸까요? 아니면 선택하는 걸까요?

2 배우자를 위한 기도문을 적어 봅시다.

📖 묵상 노트

말을 마치기도 전에 리브가가 물동이를 어깨에 메고 나오니

그는 아브라함의 동생 나홀의 아내 밀가의 아들 브두엘의 소생이라

창세기 24:15

그림 기도

하나님.
좌절과 실망 속에서도 기도의 끈을 놓지 않겠습니다.
행여 남들보다 조금 늦어지더라도
적합한 사람을 주실 것을 믿어 의심치 않습니다.
믿음이 흔들리는 순간마다 나를 붙잡아 주소서.

정해진 자리

지금까지 남자가 가까이 하지 아니한 처녀더라

창세기 24:16

리브가는 아름답고 건강했으며 거룩한 여인이었습니다.

이삭이 가나안 딸들에게 마음을 빼앗기지 않았듯 리브가는 하란의 아들들에게 몸을 허락하지 않았습니다. 여성에게만 요구된 차별적 정절 따위를 말하는 게 아닙니다. 이삭과 리브가 모두 각자가 속한 문화권에서 구별된 삶을 살았다는 의미입니다. '더러운'이라는 뜻의 단어 'Dirty'의 어원은 'Dirt' 곧 '흙'에서 왔습니다. 하지만 흙은 인간에게 이로운 것입니다. 곡식과 채소를 자라게 해 주는 물질이지요. 흙 자체는 더러운 것이 아니라 오히려 자연에서 온 깨끗한 것입니다. 단, 있어야 할 자리에서 이탈하면 더러운 것이 됩니다. 산이나 밭이 아닌 집 안에, 침대에, 옷과 가방에 묻으면 '더러운 흙'이 되는 것입니다.

이성 간의 성관계도 마찬가지입니다. 성(性)은 하나님이 주신 특별한 선물이며 깨끗하고 거룩한 것입니다. 이를 누릴 수 있도록 정해 주신 자리가 있지요. 그 자리에서는 마음껏 누려도 됩니다. 다만 그 자리를 벗어나는 순간 더러운 것이 되고 맙니다. 물론 정해진 자리는 '부부의 자리'입니다.

🗨️ 질문과 고민

1 혼전 순결에 대한 견해를 적어 봅시다.

2 결혼 전까지 정결한 교제를 유지하기 위해 두 사람은
각자 혹은 서로 어떤 노력을 해야 할까요?

📖 묵상 노트

그 소녀는 보기에 심히 아리땁고
지금까지 남자가 가까이 하지 아니한 처녀더라
그가 우물로 내려가서 물을 그 물동이에 채워 가지고 올라오는지라

창세기 24:16

그림 기도

하나님.
당신이 주신 선물인 '성'을 소중히 다루겠습니다. 시대를
분별하며 정해진 자리를 벗어나지 않게 하소서.

수요일

지속적 교감

그 사람이 그를 묵묵히 주목하며
여호와께서 과연 평탄한 길을 주신 여부를 알고자 하더니

창세기 24:21

"주여! 일이 너무 순조롭습니다.
지금 당신이 행하고 계신 게 맞는지요…."

엘리에셀은 우물가로 다가온 리브가에게 물을 좀 달라고 요구합니다. 그러자 리브가는 낙타들도 마셔야 한다며 재빨리 물을 길어 나르기 시작합니다. 넉넉한 성품과 부지런한 행실. 얼마나 기뻤을까요? 가나안에서 하란까지 800킬로미터가 넘는 대장정이었습니다. 아브라함이 부족을 떠난 지도 60년이 넘어 형제들이 살고 있는지조차 알 수 없는 상황, 그 막연함 속에서 표징에 딱 맞는 여인을 만나게 된 것입니다.

하지만 엘리에셀은 섣불리 흥분하지 않았습니다. 묵묵히 상황을 지켜보며 하나님께 묻고 재차 확인했습니다. 응답의 현장에서도 기도의 끈을 절대 놓지 않았지요.

신앙인의 이성 교제는 '태도'가 중요합니다. 관계의 중심에 하나님이 계심을 인정해야 하기 때문입니다. 교제가 진행되는 과정 속에서도 끊임없이 하나님과 교감하며 매 순간 그분을 배제하지 않는 모습. 엘리에셀이 이삭의 배우자를 찾는 과정에서 그랬듯이 말입니다. 이런 모습은 건전한 이성 교제를 위해 갖춰야 할 태도입니다.

⌨️ 질문과 고민

1 하나님을 인정하는 이성 교제는 어떠할까요?

2 반대로 하나님을 인정하지 않는 이성 교제는 어떠할까요?

📖 묵상 노트

종이 마주 달려가서 이르되

청하건대 네 물동이의 물을 내게 조금 마시게 하라

그가 이르되 내 주여 마시소서 하며 급히 그 물동이를 손에 내려 마시게 하고

마시게 하기를 다하고 이르되 당신의 낙타를 위하여서도 물을 길어

그것들도 배불리 마시게 하리이다 하고 급히 물동이의 물을 구유에 붓고

다시 길으려고 우물로 달려가서 모든 낙타를 위하여 긷는지라

그 사람이 그를 묵묵히 주목하며

여호와께서 과연 평탄한 길을 주신 여부를 알고자 하더니

낙타가 마시기를 다하매 그가 반 세겔 무게의 금 코걸이 한 개와

열 세겔 무게의 금 손목고리 한 쌍을 그에게 주며 이르되

네가 누구의 딸이냐 청하건대 내게 말하라

네 아버지의 집에 우리가 유숙할 곳이 있느냐 그 여자가 그에게 이르되

나는 밀가가 나홀에게서 낳은 아들 브두엘의 딸이니이다

또 이르되 우리에게 짚과 사료가 족하며 유숙할 곳도 있나이다

이에 그 사람이 머리를 숙여 여호와께 경배하고 이르되

나의 주인 아브라함의 하나님 여호와를 찬송하나이다

나의 주인에게 주의 사랑과 성실을 그치지 아니하셨사오며

여호와께서 길에서 나를 인도하사

내 주인의 동생 집에 이르게 하셨나이다 하니라

창세기 24:17~27

그림 기도

하나님.
세상은 연애를 두 사람만의 관계라 말하지만
성경은 '삼각관계'라 말합니다.
하나님을 중심에 둔 아름다운 삼각관계로
나의 이성 교제를 인도하소서.

목요일

가정의 환대

여호와께 복을 받은 자여 들어오소서
어찌 밖에 서 있나이까
내가 방과 낙타의 처소를 준비하였나이다

창세기 24:31

결혼 예물을 선물받은 리브가가 집으로 달려가 자초지종을 설명하자 집안 식구들이 엘리에셀을 두 팔 벌려 환대합니다. 결혼의 첫 단추가 무난히 채워지는 것입니다.

"하나님의 축복의 통로가 되어 주신 분께서 어찌 그리 서 계십니까? 제가 처소를 준비해 놓았으니 저희 집으로 가시지요!"

후배 선교사의 얼굴에 근심이 가득합니다. 결혼 허락을 받기 위해 여자 친구 부모님을 대면해야 하는 날이 다가왔기 때문입니다. 첫 만남은 자매 아버지의 반대가 심해 이별로 끝났습니다. 최선을 다해 설득했지만 결국 헤어지고 말았죠. 그 뒤로 오랜 시간이 지나 힘겹게 찾아온 두 번째 기회였습니다. 하지만 이미 좌절을 한번 맛본 후배였기에 여자 친구 집으로 향하는 발걸음이 유난히 무거워 보이기만 했습니다.

여자 친구 부모님을 만나고 온 다음 날, 녀석은 환히 웃으며 제게 말했습니다. 자매의 부모님이 두 팔 벌려 환영하며 닭백숙한 솥을 대접해 주셨다면서요. 드디어 환대를 받은 것입니다. 당사자 두 사람의 마음이 가장 중요한 것도 사실이지만 환대가 필요할 때도 있습니다. 결혼은 상대방 가족의 일원이 되는 것인만큼 환대도 기도 응답의 중요한 일부이기 때문입니다.

질문과 고민

1 만남에 반대가 따를 경우 어떻게 대처해야 할까요?

2 가정의 만남 vs 개인의 만남,
결혼에서 더 중요한 요소는 무엇일까요?

📖 묵상 노트

소녀가 달려가서 이 일을 어머니 집에 알렸더니

리브가에게 오라버니가 있어 그의 이름은 라반이라

그가 우물로 달려가 그 사람에게 이르러

그의 누이의 코걸이와 그 손의 손목고리를 보고

또 그의 누이 리브가가 그 사람이 자기에게

이 같이 말하더라 함을 듣고 그 사람에게로 나아감이라

그때에 그가 우물가 낙타 곁에 서 있더라

라반이 이르되 여호와께 복을 받은 자여 들어오소서

어찌 밖에 서 있나이까 내가 방과 낙타의 처소를 준비하였나이다

그 사람이 그 집으로 들어가매

라반이 낙타의 짐을 부리고 짚과 사료를 낙타에게 주고

그 사람의 발과 그의 동행자들의 발 씻을 물을 주고

그 앞에 음식을 베푸니

창세기 24:28~33

환대를 받는 것도
결국 내가 훌륭해서가 아니라
주님의 은혜 덕분임을 기억합니다.
그 은혜를 잊지 않고 살게 하소서.

투명한 소통

내가 내 일을 진술하기 전에는 먹지 아니하겠나이다

창세기 24:33

한 달 넘게 광야를 걸어온 엘리에셀이 물과 음식은 손도 대지 않은 채 라반에게 자초지종을 설명합니다. 자신은 누구이며 자신을 보낸 아브라함은 누구인지, 이삭은 누구이며 왜 여기까지 오게 됐는지 등…. 하나님의 일하심을 목격했기에 아브라함과 이삭의 입장을 유리하게 포장하거나 숨기지 않습니다. 그간의 모든 과정과 신상을 투명하게 밝힙니다.

"지금 내가 목격한 모든 상황을 정직하게 나누지 않고는
난 아무 음식도 먹을 수 없습니다."

월급 명세서로 프러포즈한 친구가 있습니다. 작은 회사에서 받는 빠듯한 연봉, 홀어머니에 여러 명의 시누이들까지…. 배우자 상대로 기피할 만한 조건을 고루 갖추고 있었지요.

하지만 친구는 믿었습니다. 하나님이 허락하신 만남이라면 결혼까지 자연스럽게 연결될 것을. 그리 믿었기에 자기 입장을 과하게 포장하거나 속이지 않았습니다. 교제하던 여성에게 있는 그대로의 상황을 투명하게 털어놓으며 진심을 담은 월급 명세서로 프러포즈했지요. 건강한 신앙이 건강한 자아를 형성하고 건강한 소통까지 이루어 낸 것입니다.

진심이 통한 그녀와 결혼에 골인한 친구는 작년에 태어난 둘째와 함께 온 가족이 행복주택 입주를 앞두고 있습니다.

💬 질문과 고민

1 이성에게 자랑할 만한 내 매력은 무엇인가요?

2 이성에게 감추고 싶은 내 약점은 무엇인가요?

📖 묵상 노트

내가 내 일을 진술하기 전에는 먹지 아니하겠나이다

라반이 이르되 말하소서

그가 이르되 나는 아브라함의 종이니이다

여호와께서 나의 주인에게 크게 복을 주시어 창성하게 하시되

소와 양과 은금과 종들과 낙타와 나귀를 그에게 주셨고

나의 주인의 아내 사라가 노년에 나의 주인에게 아들을 낳으매

주인이 그의 모든 소유를 그 아들에게 주었나이다

(중략)

내 주인 아브라함의 하나님 여호와께서 나를 바른 길로 인도하사

나의 주인의 동생의 딸을 그의 아들을 위하여 택하게 하셨으므로

내가 머리를 숙여 그에게 경배하고 찬송하였나이다

창세기 24:33~48

그림 기도

나의 빈틈을 메워 줄 사람을 만나게 하소서.
능력이나 물질이 아닌
기도로 메우는 사람을 만나기 원합니다.

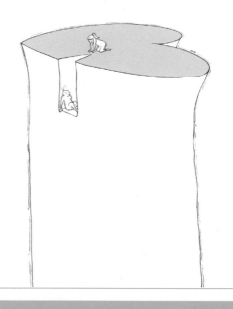

주말 에세이

감정 스케치

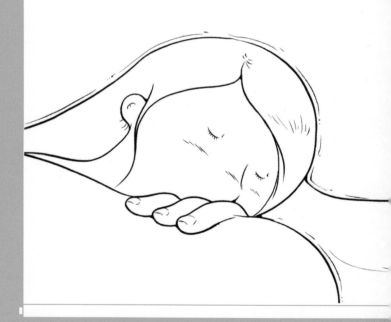

좋아하는 사람 앞에서는 괜히 작아집니다.
예수님은 얼마나 작아지셨을까요?

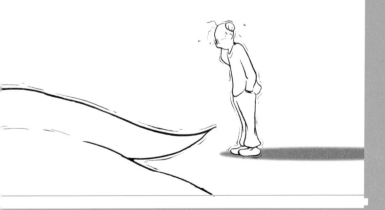

누군가에게 거절당할 때도 있지만
나 또한 누군가를 냉정히 거절할 때도 있습니다.

머리에서 가슴으로 연결된 사랑의 길이
생각보다 멀고 험난하기 때문입니다.

아름답고도 위험하며

잡힐 듯이 잡히지 않는 것이 사랑입니다.

감정 스케치

무사도 정신으로 단칼에 썰어 내기보다는

94

엄마의 마음으로 정성껏 다듬어야 합니다.

누구나 가시를 가지고 있습니다.

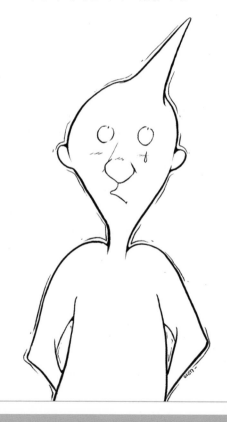

그 가시가 타인에게도 상처를 입히고
때로는 나 자신에게도 상처를 남기지요.

가끔은 이런 나를 사랑해 줄 사람이 있을지
두렵기도 합니다.

하지만 그분이 허락한 인연이라면…

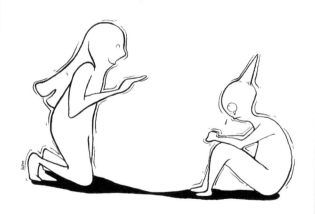

감정 스케치

가시조차 품어 주리라 믿습니다.
부디 그런 인연으로 인도받기를….

3주차

한 사람과의 시작

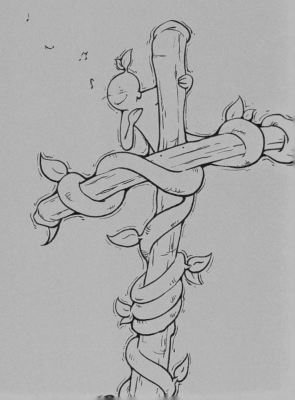

3주차 한 사람과의 시작

월요일 ┃ 성령의 교통
이 일이 여호와께로 말미암았으니
우리는 가부를 말할 수 없노라

화요일 ┃ 신속한 결정
리브가를 불러 그에게 이르되
네가 이 사람과 함께 가려느냐
그가 대답하되 가겠나이다

수요일 ┃ 축복과 파송
우리 누이여 너는 천만인의 어머니가 될지어다

목요일 ┃ 능동적 수동
이삭이 저물 때에 들에 나가 묵상하다가 눈을 들어 보매

금요일 ┃ 위로의 가치
그를 맞이하여 아내로 삼고 사랑하였으니
이삭이 그의 어머니를 장례한 후에 위로를 얻었더라

성경의 교통

이 일이 여호와께로 말미암았으니
우리는 가부를 말할 수 없노라

창세기 24:50

자초지종을 전부 털어놓은 엘리에셀이 리브가의 가족들에게 결정을 맡깁니다. 그 순간 리브가의 오빠 라반의 입에서 신앙고백이 흘러나옵니다.

"이 일은 모두 하나님께서 행하신 것입니다.
옳고 그름을 판단하지 말고 그저 순종하면 됩니다."

앞에서 여자 친구 부모님으로부터 환대받은 후배 이야기를 했습니다. 이번에는 그를 위한 환대를 준비하신 어머니 이야기를 해 보려 합니다. 딸이 가난한 선교사와 결혼하겠다고 말했을 때 어머니는 당연히 걱정할 수밖에 없었습니다. 소중한 자녀를 경제적으로 불안정한 환경에 내어 줄 부모는 아무도 없기 때문입니다. 답답한 가슴을 풀 길 없어 새벽 예배에 나갔는데, 놀랍게도 목사님의 설교 본문이 매번 달랐음에도 동일한 메시지로 반복해서 다가오더랍니다. '내가 하는 일이니 아무것도 염려하지 말고 맡기라…' 딸의 결혼이 하나님의 뜻임을 깨달은 어머니는 그를 사위로 받아들이기로 결심하시고는 인사드리러 간 날 닭백숙 한 솥을 내오시며 이렇게 말씀하셨습니다. "하나님이 하시는 일, 나는 허락하고 말고를 말할 게 없네. 자네가 다 알아서 진행하시게…" 하나님의 일은 하나님을 믿는 사람들 사이에서 상통합니다. 성령이 교통하시기 때문입니다.

💬 질문과 고민

1 이성 교제는 당사자들만의 결정일까요?
가족이나 교회 공동체의 관여가 필요할까요?

2 이성에 관해 조언을 구할 만한 멘토가 공동체 내에 있나요?

📖 묵상 노트

이제 당신들이 인자함과 진실함으로 내 주인을 대접하려거든

내게 알게 해 주시고 그렇지 아니할지라도

내게 알게 해 주셔서 내가 우로든지 좌로든지 행하게 하소서

라반과 브두엘이 대답하여 이르되

이 일이 여호와께로 말미암았으니 우리는 가부를 말할 수 없노라

리브가가 당신 앞에 있으니 데리고 가서

여호와의 명령대로 그를 당신의 주인의 아들의 아내가 되게 하라

아브라함의 종이 그들의 말을 듣고 땅에 엎드려 여호와께 절하고

은금 패물과 의복을 꺼내어 리브가에게 주고

그의 오라버니와 어머니에게도 보물을 주니라

창세기 24:49~53

그림 기도

하나님.
나의 연애가 아슬아슬한 만남이 아닌
공동체의 보호를 받는 안전한 교제이길 소망합니다.
건강한 공동체를 허락하소서.

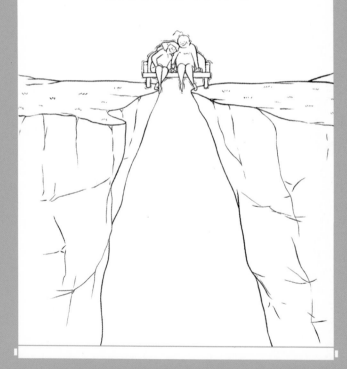

화요일

신속한 결정

리브가를 불러 그에게 이르되 네가 이 사람과 함께 가려느냐

그가 대답하되 가겠나이다

창세기 24: 58

하루를 유숙한 엘리에셀이 아침에 바로 떠난다고 합니다. 지금 떠나면 언제 다시 볼지 알 수 없기에 가족들은 리브가와 열흘만 더 있겠다며 간청합니다. 상호 간에 의견이 엇갈려 당사자에게 결정이 넘어간 순간, 리브가는 지체하지 않고 떠나기로 결단을 내립니다.

"네! 지금 떠나겠어요!"

결혼하기까지 1년은 만나 봐야 한다고 합니다. 상대를 완전히 알기 위해서는 사계절을 보내 봐야 한다는 것입니다. 때로는 결혼 전에 같이 살아 봐야 한다고도 말합니다. 합리적인 생각입니다. 이론적으로는 맞지요. 하지만 함정이 있습니다. 수십 년을 살아 본들 나와 다른 누군가를 완전히 알 수 있을까요?

합리적 사고 자체를 부정하는 것이 아닙니다. 상대의 신상을 파악하는 것은 중요한 일이지요. 다만 성숙한 결혼 생활이 반드시 함께 보낸 시간에 비례하지만은 않다는 것입니다. 하나님이 일하시면 신속히 진행됩니다. 리브가처럼 하루 만에 친정을 떠나는 일도 발생하지요. 상황도 마음도 자연스럽게 열리기에 평소와 달리 과감한 결단도 내릴 수 있습니다. 아니, 더 정확히 말하면 결단을 내릴 수밖에 없게 됩니다.

1 배우자를 분별하기 위한 적정 교제 기간은 어느 정도일까요?

2 결혼 전 동거에 대한 나의 견해를 적어 봅시다.

📖 묵상 노트

이에 그들 곧 종과 동행자들이 먹고 마시고 유숙하고

아침에 일어나서 그가 이르되

나를 보내어 내 주인에게로 돌아가게 하소서

리브가의 오라버니와 그의 어머니가 이르되

이 아이로 하여금 며칠 또는 열흘을 우리와 함께 머물게 하라

그 후에 그가 갈 것이니라

그 사람이 그들에게 이르되 나를 만류하지 마소서

여호와께서 내게 형통한 길을 주셨으니

나를 보내어 내 주인에게로 돌아가게 하소서

그들이 이르되 우리가 소녀를 불러 그에게 물으리라 하고

리브가를 불러 그에게 이르되 네가 이 사람과 함께 가려느냐

그가 대답하되 가겠나이다

창세기 24:54~58

그림 기도

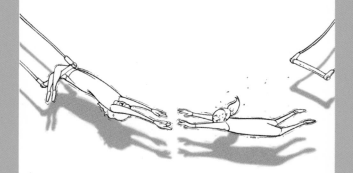

하나님.
선택의 순간, 믿음의 결단이 필요할 때도 있습니다.
그때가 오면 상황이나 사람이 아닌 당신을 보게 하소서.

축복과 파송

우리 누이여 너는 천만인의 어머니가 될지어다

창세기 24:60

밤하늘의 별만큼 많은 자손을 주시겠다는 하나님의 약속. 결혼이 성사되는 과정에서 아무도 언급한 적 없는 그 약속과 비전이 리브가를 축복하며 환송하는 가족의 입술을 통해 다시 한번 선포됩니다.

> "사랑하는 동생아.
> 너는 큰 민족을 이루는 어머니가 될 것이다!"

축복을 받으며 떠나는 리브가와 엘리에셀의 낙타 행렬. 사막의 뽀얀 먼지 속으로 행렬이 사라질 때까지 손 흔드는 가족들. 기쁨과 아쉬움이 뒤섞인 감정으로 눈물을 훔치는 리브가의 어머니. 마치 먼 타국으로 떠나는 선교사 파송식이 연상됩니다. 하나님의 일은 하나님의 사람들 사이에서 상통하고, 그 뜻 안에서 축복과 파송이 일어납니다. 상대 가정의 환대가 있다면 우리 가정의 파송도 있습니다. 결혼이야말로 빛나는 선교의 현장이며, 선교지는 장소가 아닌 '사람'이기 때문입니다.

이 모든 것이 하루 만에 일어난 일입니다. 막연히 꿈꿔 온 한 사람과의 만남. 리브가는 전날까지 상상조차 못 하고 있었습니다. 하지만 하나님이 하시는 일이란 본디 그렇습니다. 하룻밤만으로도 충분하지요. 그러니 조급해할 필요가 전혀 없습니다.

💬 질문과 고민

1 결혼에 적당한 때는 어떻게 분별해야 할까요?

2 결혼과 선교의 공통점은 무엇일까요?

📖 묵상 노트

그들이 그 누이 리브가와 그의 유모와

아브라함의 종과 그 동행자들을 보내며 리브가에게 축복하여 이르되

우리 누이여 너는 천만인의 어머니가 될지어다

네 씨로 그 원수의 성문을 얻게 할지어다

리브가가 일어나 여자 종들과 함께 낙타를 타고

그 사람을 따라가니 그 종이 리브가를 데리고 가니라

창세기 24:59~61

그림 기도

하나님.
당신의 때에 당신의 방법으로
반려자를 만나고 싶습니다.

그날이 오기까지
평안히 당신을 신뢰하게 하소서.

능동적 수동

이삭이 저물 때에 들에 나가 묵상하다가
눈을 들어 보매 낙타들이 오는지라

창세기 24:63

저물녘 들에 나가 묵상하던 이삭은
리브가를 태운 낙타 행렬이 돌아오는 것을 보았습니다.

리브가를 태운 낙타들이 줄지어 돌아오던 날, 이삭은 들에서 묵상하며 산책하던 중이었습니다. 특별할 것 없이 동일한 일상을 보내고 있었지요. 이삭은 조용하고 사색적인 '묵상의 사람'이었기 때문입니다.

일부 다처가 가능한 시대, 원하는 상대를 찾아 행동하고 쟁취하는 문화 속에서 들에 나가 고요히 묵상에 잠긴 채 하루를 보내는 이삭의 모습은 일면 수동적으로 보입니다. 어쩌면 그는 경쟁 사회에 맞지 않는 그런 인물이었을지도 모르겠습니다. 하지만 여기서 질문을 던지고 싶습니다. 계산이 빠르고 행동이 민첩했던 야곱. 이삭의 아들 야곱은 경쟁 사회에 맞는 능동적인 사람이었습니다. 그래서 아버지와는 달리 길고 뜨거운 연애를 했지요. 그렇게 사랑을 쟁취한 야곱의 가정사, 과연 행복하기만 했을까요?

능동성이 필요한 만큼 수동성이 필요하기도 합니다. 중대한 일일수록 더욱 그러합니다. 내 힘으로 해결하기보다 하나님께 맡기고 과감히 물러서는 것. 이삭의 이러한 수동성은 신앙인에게 오히려 경쟁력이 될 때가 많습니다.

질문과 고민

1 신앙생활 중 능동성이 필요한 순간은 언제였나요?

2 신앙생활 중 수동성이 필요한 순간은 언제였나요?

📖 묵상 노트

그때에 이삭이 브엘라해로이에서 왔으니

그가 네게브 지역에 거주하였음이라

이삭이 저물 때에 들에 나가 묵상하다가

눈을 들어 보매 낙타들이 오는지라

리브가가 눈을 들어 이삭을 바라보고

낙타에서 내려 종에게 말하되

들에서 배회하다가 우리에게로 마주 오는 자가 누구냐

종이 이르되 이는 내 주인이니이다

리브가가 너울을 가지고 자기의 얼굴을 가리더라

창세기 24:62~65

그림 기도

내 마음보다 더 간절히
인연을 만들어 주고 싶어 하시는 하나님.
당신의 마음을 기억하며 하나님의 때를
분별하는 오늘이 되게 하소서.
당신의 지혜를 구합니다.

위로의 가치

이삭이 그의 어머니를 장례한 후에 위로를 얻었더라

창세기 24:67

어머니를 잃고 상심에 잠겨 있던 이삭이 리브가를 만납니다. 그리고 위로를 얻습니다. 두 사람의 인생 2막이 열리며 비로소 창세기 24장이 끝을 맺습니다.

이삭이 그의 어머니를 장례한 후에 위로를 얻었더라

'겨우 위로나 얻으려고 결혼하는 거야?' 혈기 왕성할 때는 위로의 가치를 저평가했습니다. 큰 착각이었지요. 겨우 '위로'라니요. 위로를 얻는 일이 얼마나 엄청난지를 철들고 나서야 뒤늦게 깨닫게 되었습니다.

몸의 온도가 1도만 올라가도 면역력이 다섯 배 높아집니다. 정서적 온도 또한 마찬가지지요. 가족, 그중에서도 배우자로부터 받는 위로는 정서적 온도를 높여 줄 뿐만 아니라 감정의 면역력을 높여 줍니다. 하나님은 배우자를 통해 정서적, 육체적 위로를 얻도록 남녀를 설계하셨습니다. 결혼의 명분은 그것만으로도 충분한 것입니다.

사는 동안 내 편이 한 명쯤은 있어야 합니다. 반드시 필요합니다. 여러분 모두 언젠가 '내 편'을 만들면 좋겠습니다. 무엇보다 먼저 하나님 편에 선 후에 그분이 붙여 주시는 내 편을 만나게 되기를 바랍니다. 여러분의 머지않은 미래를 축복합니다.

💬 질문과 고민

1 깊은 위로를 받았던 경험을 적어 봅시다.

2 누군가를 위로했던 경험도 적어 봅시다.

📖 묵상 노트

종이 그 행한 일을 다 이삭에게 아뢰매

이삭이 리브가를 인도하여 그의 어머니 사라의 장막으로 들이고

그를 맞이하여 아내로 삼고 사랑하였으니

이삭이 그의 어머니를 장례한 후에 위로를 얻었더라

창세기 24:66~67

그림 기도

하나님.
당신이 붙여 주신 사람과 서로 기대어
인생길을 걸어가게 하소서.
예수님의 이름으로 기도드립니다.
아멘.

감정 스케치

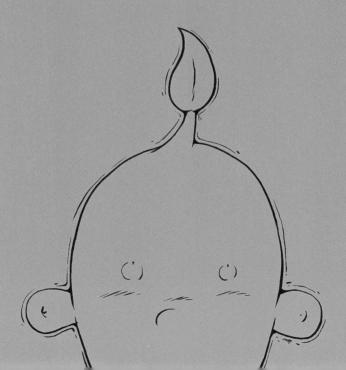

설익은 감정으로 다가서면 탈이 납니다.
충분히 뜸을 들여도 늦지 않습니다.

서로 감정의 속도를 맞추는 것도 중요하지요.

사랑은 도적같이 찾아오는가 하면

등잔 밑에서 나타나기도 합니다.

죽어 있는 영혼을 부활시키기도 하고

새로운 생명을 탄생시키기도 하지요.

뜨거운 열정도 사랑이지만
은은한 온기도 사랑입니다.

물론 독신도 인생을 사랑하는 방법 중 하나지요.

"오늘은 그 사람이 내게 말을 걸어 줬어요!"

"오늘은 네가 나에게 말을 걸어 오더구나!"

"오늘은 그 사람이 나를 모른 척하더군요."

"오늘은 네가 나를 모른 척하더구나."

"그 사람을 생각하면 날아갈 것 같아요!"

"네 생각을 하면 날아갈 것 같아!"

감정 스케치

"그 사람을 생각하면 가슴이 아파요."

"네 생각을 하면 가슴이 아파."

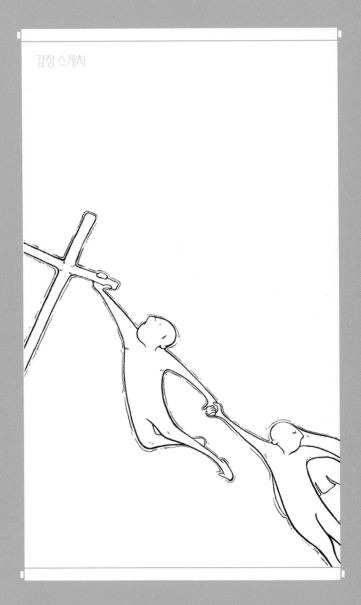

모든 남녀의 사랑에는
우리를 향한 그리스도의 사랑이
깃들어 있습니다.

익숙한 동화의 결말입니다. 정말 단 한 번도 싸우지 않고 평생 행복만 누리다 생을 마감했을까요? 우리는 알고 있습니다. 현실과 동화는 다르다는 것을.

이삭과 리브가도 마찬가지입니다. 하나님의 섭리 가운데 맺어진 아름다운 커플이지만 '완벽한 부부'는 아니었습니다. 살아가는 과정은 제법 치열했지요. 생각보다 문제가 많았습니다. 에서와 야곱을 편애하는 모습에서 두 사람의 세계관 차이와 갈등이 간접적으로 표출되곤 합니다.

현실도 마찬가지입니다. 그리스도 안에서, 공동체 내에서 만났다고 해서 완벽한 가정을 이루는 것은 아닙니다. 하나님의 섭리와 공동체의 축복 속에 결혼한다 해도 숱한 갈등을 겪고 여러 문제에 직면하게 됩니다. 자연스러운 일이지요. 서로 다른 문화와 배경에서 자란 두 사람이 하나 될 때 발생하는 당연한 현상입니다. 갈등을 피하고 편안함만 누리고 싶다면 결혼하지 않는 편이 훨씬 더 합리적입니다. 하지만 하나님은 결혼을 설계하셨습니다. 왜일까요?

예술가인 저는 예술가 아내와 결혼했습니다. 같은 일러스트레이터끼리 만났기에 주변의 기대가 컸지요. 서로 잘 통할 거라고 예상했습니다. 그 뒤에 반전이 도사리고 있다는 사실은 까맣게 모른 채.

아내는 총천연색의 면 그림을, 저는 흑백의 선 그림을 그렸습니다. 두 사람의 기법이 완전히 다르지요. 그림 기법이 다르다는 것은 성향도 반대라는 의미. 아내는 파스텔 톤의 총천연색 그림을 그리는 만큼 자유롭고 감성적인 성향인 반면, 저는 흑백의 선 그림을 그리는 만큼 명료하고 이성적인 성향이었습니다. 두 사람의 삶이 쉽게 합쳐질 리 없습니다. 쉽다면 오히려 거짓말이겠지요. 갈등과 조율을 거듭하며 서로를 알아 갔습니다. 당연히 그 열매가 그림에도 반영됐지요. 호불호가 갈리던 제 그림은 시간이 지날수록 대중적으로 나아갔고, 지나치게 자유롭던 아내의 그림은 명료하게 정리되기 시작했습니다. 각자의 개성을 덜어 낸 자리에 상대의 개성을 더해 가며 부족한 부분을 보완하기 시작한 것입니다.

그중에서도 가장 중요한 사실이 있습니다. 바로 서로의 하나님을 만났다는 것입니다. 같은 하나님을 믿어도 아내의 하나님은 제가 믿는 하나님과 많이 달랐습니다. 아내의 하나님은 아내의 성향에 맞게 자연스러운 상황과 환경을 통해 아내를 이끄신 반면, 저의 하나님은 제 성향에 맞게 늘 결단과 다짐을 요구하셨습니다. 자연스럽게 열리는 문을 허락하시기보다는 닫힌 문을 뚫고 나가게 하셨지요.

결혼 후 두 사람의 신앙이 공유되며 서로에게 스며들었습니다. 누구의 신앙이 더 성숙하고 미숙한가의 문제가 아닙니다. 저는 이전보다 '하나님의 자녀 됨'을 한층 더 누릴 수 있게 되었고, 아내는 '제자의 열정'을 배워 나가기 시작했지요. 각자가 새로운 하나님의 성품을 경험하며 결론적으로 하나님을 더 알아 가고 있는 것입니다.

                                         __『바리스타로 오신 예수』(IVP)의 일부 내용(pp.16~19) 재구성

여전히 문제도 많고 갈등투성이지만 그 하나만으로도 제 결혼은 충분히 의미가 있습니다. 하나님을 알아 가는 것이야말로 결혼을 설계하신 그분의 목적과 일치할 뿐만 아니라 인생을 설계하신 목적과도 일치한다고 믿기 때문입니다.

물론 다양한 인생이 있습니다. 결혼을 선택하지 않은 분들도 계

시지요. 이 또한 소중한 인생입니다. 각자에게 주어진 상황과 환경이 있기 때문입니다. 그에 맞는 신앙의 열매가 분명 맺히기에 모두의 삶은 존중받아 마땅합니다.

머지않은 미래에 결혼이라는 새 장의 이야기를 써 내려갈 크리스천 청년들을 축복합니다. 무엇보다 내면이 잘 준비됐으면 좋겠고, 준비한 만큼 적합한 사람을 만나길 기도합니다. 무르익은 영성의 깊이만큼 성숙한 만남을 이룰 수 있습니다. 가끔은 혼자인 시간이 마음을 허기지게 할지라도 인스턴트식 자극적 만남은 지양하세요. 그러기에 당신은 너무 소중하니까요.

저자의 변

신학을 전공하지 않은 그림 작가로서 성경을 바탕으로 묵상집을 내놓으려니 매우 조심스럽습니다. 이 책은 저와 같이 성경을 전문적으로 공부하지 않았거나, 이제 막 하나님을 알아 가는 혹은 하나님을 전혀 알지 못하는 대중들과 성경 사이에 다리를 놓는 것이 목적이자 한계입니다. 그러므로 학문적 부족함에서 비롯된 수많은 빈틈에 미리 양해를 구합니다.

그림의 고증 또한 정확하지 않을 수 있습니다. 고대 근동 사회의 문화적 양식에 대한(예식, 의복 등) 시각 자료가 충분하지 않기 때문입니다. 이 또한 양해를 구합니다. 이 부분에 대한 지적을 기꺼이 겸허하게 받아들일 것이며, 사료를 얻을 수 있는 정보를 공유해 주시면 차후 반드시 반영하고 개선하겠습니다.

그리스도인의
만남과 결혼

신앙과 감정의 균형을 잡는 하루 10분

개정판 1쇄 발행 2022년 3월 31일
초판 1쇄 발행 2009년 12월 1일

글·그림 석용욱

발행인 오연희
편집 박혜민
디자인 김석범

펴낸곳 처음과 나중
등록 제2012-000032호
주소 서울시 서대문구 응암로28 3동 701호
이메일 books9191@naver.com
ISBN 978-89-98073-10-7
값 12,000원